Das WaLePro-Prinzip
C. Philipp

Das WaLePro-Prinzip

wage lerne profitiere

C. Philipp

Bibliografische Information der Deutschen
Nationalbibliothek Die Deutsche Nationalbibliothek
verzeichnet diese Publikation in der Deutschen
Nationalbibliografie; detaillierte bibliografische
Daten sind im Internet über http://dnb.dnb.de
abrufbar.

© 2019 Christopher Konsorr

Herstellung und Verlag
BoD – Books on Demand, Norderstedt

ISBN: 978-3-7481-7511-7

Für meine Eltern und meine Schwester,
weil ihr immer an mich geglaubt und mich
unterstützt habt.

Im Gedenken an
Hannelore & Peter von Scholz.

Vorwort: Einführung & Zusammenfassung

Erst einmal möchte ich dich herzlich in meinem ersten Buch willkommen heißen. Das ganze Buch über werde ich dich duzen. Solltest du damit ein Problem haben, dann ist es wohl für dich jetzt an der Zeit, dieses Buch wieder zu schließen und dir ein anderes zu nehmen.

Schön, dass du noch hier bist. In diesem Buch will ich dir ein bisschen näherbringen, was hinter dem WaLePro-Prinzip steckt.

Das Prinzip an sich habe ich selbst ausgearbeitet und es spiegelt meine persönliche Meinung wider. Ich habe weder so etwas in dieser Richtung studiert noch irgendwelche Lehrgänge besucht. Der komplette Inhalt beruht auf meiner eigenen Meinung, meiner Erfahrung und meiner eigenen Ansicht.

Kapitel für Kapitel werde ich das WaLePro-Prinzip aufschlüsseln und, so gut es geht, anhand von Beispielen erklären. Des Weiteren versuche ich, dir immer wieder mit Tipps zur Seite zu stehen. Ab und an kann es vorkommen, dass ich dich auffordern werde, dir selbst Gedanken darüber zu machen, ob dir so eine Situation bekannt ist oder du vielleicht schon selbst die eine oder andere Situation erlebt hast.

Das gesamte Buch soll ein Ratgeber sein. Ein Leitfaden für Jung und Alt, für Mann und Frau. Ein Erfolgsgarant ist es natürlich nicht! Trotzdem bin ich davon überzeugt, dass es jedem hilft, der sich das WaLePro-Prinzip zu Herzen nimmt, seine Ziele zu erreichen und sein Leben erfolgreicher zu gestalten.

Viel Spaß beim Lesen und viel Erfolg in deinem Leben.

„Der Dumme lernt aus seinen Fehlern, der Kluge aus den Fehlern anderer."
Konfuzius

Kapitel 1: Wer hat es geschrieben?

Lebenslauf

Mein Name ist Christopher Philipp. Geboren wurde ich 1993 in Hamburg. Dort bin ich auch die ersten vier Jahre meines Lebens aufgewachsen.

1997 zogen meine Eltern mit mir in eine kleine Stadt vor den Toren Hamburgs. Hier bin ich dann zur Schule gegangen, die ich 2009 mit meinem Realschulabschluss beendete.

Meine Berufliche Karriere begann ich im Herbst 2009 in Hamburg. Bei der größten deutschen Fluggesellschaft absolvierte ich eine Ausbildung zum Fluggerätemechaniker in der Fachrichtung Triebwerkstechnik. Diese schloss ich im Januar 2013 erfolgreich ab.

Nur drei Tage nach meiner Abschlussprüfung zog es mich aufgrund der wirtschaftlichen Lage meines Ausbildungsbetriebes nach Rheinland-Pfalz. Dort arbeitete ich für 4 1/2 Jahre zwischen Mainz und Kaiserslautern, aber weiterhin in der Luftfahrt. Nach dieser Zeit suchte ich eine neue Herausforderung und wechselte nach Köln zu einer anderen Fluggesellschaft, dieses Mal aber ins Büro. Hier hielt es mich jedoch gerade mal ein Jahr, bevor ich dann wieder zurück nach Hamburg zu meinem Ausbildungsbetrieb ging.

Mein Leben war gut und sorgenfrei. Meine Eltern haben sich immer um mich gekümmert und viel für mich getan. Während ich noch zur Schule ging, arbeitete ich nebenbei noch als Fußballschiedsrichter. Das war natürlich auch nicht immer einfach, denn es ist definitiv kein schönes Gefühl, wenn die Hartz-IV-Empfänger des Vereines um 12 Uhr am Samstagmittag anfangen, dich zu bepöbeln. Man muss aber auch ganz deutlich sagen, dass die schönen Momente überwogen haben, denn sonst hätte ich bestimmt nicht so lange durchgehalten.

2003 veränderte sich mein Leben schlagartig. Ich verlor meine beiden Großeltern mütterlicherseits innerhalb von einem Jahr. Beide erlagen nach langem Kampf ihrem Krebsleiden. Für mich war es damals ein Weltuntergang. Ich war mit ihnen die ersten vier Jahre Haustür an Haustür aufgewachsen und auch nachdem wir weggezogen waren, sah ich sie mindestens einmal pro Woche. Das Ganze warf mich so aus der Bahn, dass ich teilweise daran gedacht habe mein Leben ebenfalls zu beenden. Und das mit dreizehn beziehungsweise vierzehn Jahren. Auch wenn ich es mir damals zum Glück anders überlegt habe, baute ich in dieser Zeit ziemlich viel Mist. Es dauerte knapp ein Jahr, bis ich wieder einigermaßen zu gebrauchen war.

Den zweiten negativen Höhepunkt in meinem Leben erreichte ich 2011. Was dafür der Auslöser war, kann ich bis heute nicht genau sagen. Ich glaube immer noch daran, dass ich zu diesem Zeitpunkt einfach keine Lust auf die Arbeit und das ganze Drumherum hatte. Also fing ich an, Lotto zu spielen, auf Fußballspiele zu wetten und ins Casino sowie in die Spielothek zu gehen. Dabei verlor ich relativ schnell meinen Kontostand aus den Augen und verschuldete mich langsam aber stetig immer weiter. Nach der Eröffnung eines zweiten Kontos, verschuldete ich mich auch bei diesem. Briefe, die bei mir zu Hause ankamen, ich wohnte damals noch bei meinen Eltern, fing ich entweder ab oder beruhigte meine Mutter mit den Worten „es sei nur Info-Post". Ein Riesenfehler wie sich später herausstellte. Nicht etwa weil meine Eltern kurz davor waren, mir den Kopf abzureißen, sondern weil es sonst sehr wahrscheinlich nie so weit gekommen wäre. Ja, ich war süchtig nach der ganzen Scheiße und meine Eltern haben mir da heraus geholfen. Danke Mama und Papa.

Heute habe ich das Ganze wieder im Griff und lebe ein geordnetes Leben.

„Alle Dunkelheit der Welt kann das Licht einer einzigen Kerze nicht auslöschen."
Konfuzius

Kapitel 2: WALePro = wage

Phase #1 wage es

So, dann wollen wir mal mit der ersten Phase beginnen. Wie in der Überschrift schon aufgeführt ist, steht „Wa" in WaLePro für das Wort wage.

Natürlich könnte man hierfür auch ein paar andere Synonyme, wie zum Beispiel probieren oder trauen, verwenden. Meiner Meinung nach war aber wage das Wort, das am besten passte.

Was meine ich also genau mit wage?

Der erste Schritt, um etwas zu erreichen, ist nun einmal das man etwas wagt. Seien es die ersten Gehversuche als Kind oder das Ansetzen zu einem Schuss beim Fußball. An erster Stelle steht immer der Wille, etwas zu erreichen.

Bevor wir weitermachen, möchte ich ein weiteres Mal betonen, dass dieser Ratgeber nicht nur auf eine Idee, die man umsetzen möchte, zutrifft. Nein, dieser Ratgeber lässt sich auf jede Situation in deinem Leben anwenden! Jetzt aber zurück zu Phase #1.

Beispiel 1

Lass uns jetzt mal das erste Beispiel näher betrachten. Wir gehen davon aus, dass wir beide eine, in unseren Augen, unschlagbare Geschäftsidee für ein neues Business haben. Reden tun wir beide schon seit Monaten darüber. Wenn man es genau nimmt, wäre das dann Phase #0. Denn bevor man etwas wagen kann, muss man natürlich wissen, was man wagen will. In unserem Beispiel geht es um die Eröffnung eines neuen Geschäfts.

Der eine oder andere fragt sich in so einer Situation, wem erzähle ich davon und von wem kann ich mir Ratschläge holen? Achtung! Auch wenn viele Leute behaupten, sie wären deine Freunde, sieht die Realität meistens leider ganz anders aus. Deswegen gilt: Überleg dir gut, wen du mit ins Boot holst und wen nicht. Du musst dir außerdem im Klaren darüber sein, dass falsche Freunde ein eventuelles Scheitern ausnutzen könnten, um einen Vorteil daraus zu erhalten. Oder, was meiner Meinung nach noch schlechter wäre, sie erzählen dir, dass deine Idee schlecht ist und du es lieber lassen solltest. Und dann starten sie genau das gleiche Projekt hinter deinem Rücken, da sie gemerkt haben, dass deine Idee perfekt ist. Noch einmal! Das kann passieren, muss es aber nicht! Vorsicht ist aber eben besser als Nachsicht.

Kommen wir zurück zu unserem Beispiel.

Wir beide haben uns unsere Idee nun an mehreren Abenden bei Bier und Wein schön ausgemalt und sind vollkommen davon überzeugt. Um es genau zu sagen, sind wir beide der Meinung, dass uns nichts mehr aufhalten kann. Aber nun geht es für uns eigentlich erst richtig los. Wir müssen uns darüber einig werden, wie und wer was macht. Hier beginnen wir dann wirklich mit Phase #1.

Bei einer Geschäftsidee zum Beispiel beginnt Phase #1 damit, das Geschäft beziehungsweise die Firma beim Amt anzumelden. Egal, ob erst einmal als Kleingewerbe oder gleich als GmbH. Denn alles, was davor passiert, gehört definitiv nicht dazu. Deshalb erreichen 99 Prozent meiner Ideen nicht einmal Phase #1, da ich sie mir nur im Kopf ausmale, aber nicht versuche, sie dann wirklich umzusetzen. Auch wenn man einen Plan für die Unternehmung ausarbeitet, zählt dies noch lange nicht zu Phase #1, denn diese beginnt wirklich erst mit der Umsetzung.

Beispiel 2

Wenden wir uns jetzt dem zweiten Beispiel zu, das wir in diesem Buch bearbeiten wollen. Hierbei geht es um das Kontaktieren einer anziehenden Person. Dabei ist es egal, welches Geschlecht diese Person hat.

Viele Menschen haben das Problem, dass sie sich nicht trauen, diese eine Person anzusprechen, weil sie Angst vor den Konsequenzen oder der Reaktion haben. Dabei kommt wieder das alte Sprichwort „Wer nicht wagt, der nicht gewinnt!" zum Tragen. Was soll denn schon groß passieren? Mehr als Nein sagen, kann sie nicht. Sie und die beziehen sich in diesem Fall auf die Person, egal ob männlich oder weiblich.

Wie oft sitzt du vor dem Fernseher, dem Computer oder in einem Café und denkst dir „Verdammt, sieht die gut aus!"? Komm, ich gehe jetzt rüber und spreche sie an. Und dann? Tust du es doch nicht. Aber warum nicht? Verlieren kannst du normalerweise gar nichts, sondern eher nur gewinnen. Diese Momente, in denen du sie in deinem Kopf ansprichst, dir vorstellst, wie es abläuft oder was du sagst, gehören alle nicht in Phase #1, sondern, wie in unserem Beispiel zuvor, in die Phase #0.

Also warum bewegst du nicht deinen Hintern und gehst einfach mal rüber? Frag sie doch einfach nach der Uhrzeit oder nach dem Weg zu irgendeinem angesagten Ort. Du musst ja nicht gleich mit der Tür ins Haus fallen. Vielleicht hast du ja Glück und aus deiner vorgetäuschten Ahnungslosigkeit entwickelt sich ein kleines nettes Gespräch. Okay, ich gebe zu, wenn du sie nach der Uhrzeit fragst, ist es schwer, weiter ins Gespräch zu kommen. Also doch lieber die Variante mit dem angesagten Ort.

Das Gleiche gilt allerdings auch, wenn du jemanden über das Internet anschreiben willst oder überlegst, wie du es am besten anstellst. Hast du Angst, dass sie dir nicht antwortet? Überwinde diese und starte Phase #1. Wage es. Und du kannst wirklich nur gewinnen!

Beispiel 3

Kommen wir nun zu unserem dritten und letzten Beispiel, das wir beide in diesem Buch besprechen. Ich weiß, dass der eine oder andere dieses Beispiel nicht gut finden wird, mich vielleicht sogar dafür verurteilt, doch meiner Meinung nach kann man das WaLePro-Prinzip auch genau hier anwenden. Es geht um Glücksspiele. Da es hiervon echt zu viele verschiedene Varianten gibt, wollen wir uns auf zwei bis drei beschränken. Zum einen nehmen wir Lotto 6 aus 49 und zum anderen Roulette. Ziemlich unterschiedlich, aber auch wieder relativ gleich. Also perfekt als Beispiel.

Dadurch, dass wir beide schon zwei Beispiele besprochen haben, solltest du nun wissen, was hier zu Phase #1 gehört und was nicht. Falls doch nicht, erkläre ich es dir natürlich gerne noch einmal.

Beim Lottospielen ist die Phase #1 ganz klar das Abgeben des Spielscheines, denn sich Zahlen zu überlegen und einen Schein ausfüllen, das kann jeder. Ihn abzugeben und zu bezahlen können aber nur diejenigen, die es wagen, einen gewissen Geldbetrag einzusetzen, um diesen wenn möglichst zu vervielfachen.

Auch beim Roulette ist die Erklärung sehr ähnlich. Wie ich bereits gesagt habe: ziemlich verschieden, aber trotzdem relativ gleich. Jeder kann behaupten, er würde auf zum Beispiel Rot setzen, wenn Rot dann wirklich kommt, hat er natürlich recht gehabt. Das Risiko ist er jedoch nicht eingegangen, weil er nichts gesetzt hatte. Also hat er Phase #1 nicht erreicht. Denn diese hat man wirklich erst erreicht, wenn man den Spielchip in das rote Feld auf dem Spieltisch legt und das Risiko eingeht, diesen Einsatz zu verlieren. Man wagt also das Risiko, um daraus einen Vorteil zu erzielen.

Genau das ist die erste Phase des WaLePro-Prinzips.

Fassen wir zum Schluss noch einmal das Kapitel kurz zusammen. Was haben wir bis hierhin gelernt?

- Das WaLePro-Prinzip kann man in jeder Lebenssituation anwenden, egal ob privat oder beruflich.

- Um Phase #1 zu erreichen, muss erst mal der Mut aufgebracht werden, etwas zu wagen beziehungsweise zu riskieren, denn ohne Mut wird man diese nie erreichen können.

- Jeder ist in der Lage, das WaLePro-Prinzip zu beherrschen.

Bevor wir nun wirklich zum Ende der Phase #1 kommen, möchte ich dir noch eine kleine Aufgabe zum Nachdenken geben.

Überleg dir bitte einmal selbst in welchen Situationen in deinem Leben du Phase #1 erreicht hast und in welchen nicht. Lass dir dafür ein bisschen Zeit, denn manchmal ist es nicht ganz einfach, das Offensichtliche direkt zu erkennen.

Nach und nach sollte dir dann aber bewusst werden, wo du gescheitert bist und wann du den Mut hattest, etwas zu wagen (Phase #1).

Jetzt ist aber wirklich Schluss mit Phase #1. Schließlich wollen wir vorankommen.

„Verantwortlich ist man nicht nur für das, was man tut, sondern auch für das, was man nicht tut."
Konfuzius

Kapitel 3: WaLEPro = lerne

Phase #2 lerne daraus

Nachdem wir nun Phase #1 erfolgreich durchlaufen haben, kommen wir jetzt zu Phase #2.

Ich bin geneigt zu sagen, dass diese die wichtigste der drei Phasen ist, was jedoch falsch wäre. Denn ohne die eine Phase zu meistern, kann man die nachfolgende gar nicht durchlaufen.

Trotzdem ist es glaube ich okay, wenn ich behaupte, dass, sollte man sich an diese Phase genau halten und sie wirklich ernst nehmen, dem Erfolg in der dritten Phase kaum noch etwas im Weg steht.

„Lerne" bildet den dritten und vierten Buchstaben des WaLePro-Prinzips.
Für den einen ist „aus seinen Fehlern lernen" nur ein altes Sprichwort, das einen versucht aufzumuntern, wenn man etwas falsch gemacht hat oder enttäuscht wurde. Für mich ist es aber eher der Schlüssel des Erfolges.

Ich bin auch felsenfest davon überzeugt, dass wir genau deswegen Fehler machen, um daraus zu lernen, um uns und unsere Situation zu verbessern.

Mein Fußballtrainer hat mal gesagt: „Was bringt es euch, wenn ihr jedes Spiel gewinnt? Was lernt ihr daraus? Richtig, gar nichts. Verliert ihr aber, habt ihr Fehler gemacht und Schwächen gezeigt." Und genau daraus kann man lernen und profitieren.

Die wichtigste Voraussetzung um diese Phase erfolgreich zu meistern, ist lernen zu wollen. Ich habe in meinem jungen Leben leider schon viele Menschen gesehen, die entweder nicht bereit waren zu lernen oder ihre Fehler gar nicht erst eingesehen haben.

Natürlich gibt es auch immer wieder Situationen, in denen man von Anfang an alles richtig macht. Aber sind wir mal ehrlich, ist das nicht eher die Ausnahme?

Deswegen konzentrieren wir uns in diesem Buch lieber auf die Situationen, in denen es nicht funktioniert. Sonst wäre dieses Buch erstens sehr schnell geschrieben und zweitens eher sinnlos.

Um ein wenig deutlicher zu werden, wenden wir uns wieder unseren Beispielen zu, die wir bereits in Phase #1 schon zur Veranschaulichung genutzt haben.

Selbstverständlich behandeln wir diese in der gleichen Reihenfolge, wie wir es schon in Phase #1 getan haben. Alles andere wäre zu verwirrend.

Beispiel 1

Zeitlich machen wir einen kleinen Sprung. Phase #1 haben wir mit der Gründung unserer Unternehmung erfolgreich durchlaufen. Nun stellen wir aber nach und nach fest, dass es nicht so läuft, wie wir uns das vorgestellt haben. Die Nachfrage und dementsprechend der Umsatz stimmen in unseren Augen überhaupt nicht. Aber woran liegt das? Ohne uns Gedanken darüber zu machen, woran es liegt, kämpfen wir um die Erhaltung unserer

Unternehmung. In diesem Fall wahrscheinlich genau die falsche Reaktion, denn egal um was es geht, müssen wir herausfinden, wo unsere Fehler liegen. Haben wir zum Beispiel eine Bäckerei eröffnet, obwohl eine Straße weiter schon seit 25 Jahren eine etablierte Filiale betrieben wird? Oder haben wir ein Geschäft für Bergsteigerausrüstung in Norddeutschland eröffnet?

Nur weil ich diese hier als Beispiele aufliste, heißt es nicht, dass es nicht trotzdem funktionieren könnte! Ich will nur darauf aufmerksam machen, dass eine gute Planung und Recherche wichtige Aspekte auf dem Weg zum Erfolg sind. Sie sind jedoch auch kein Erfolgsgarant.

Beispiel 2

Wie oft bin ich beim Flirten schon auf die Nase gefallen? Ganz ehrlich? Schon das eine oder andere Mal, aber doch eher selten. Wenn du jetzt denkst, dass ich der absolute Frauenheld und Aufreißer bin, liegst du weit daneben. Denn ich bin eher der schüchterne Typ. Laut meiner Freunde bin ich es zwar nicht, aber ich bin fest davon überzeugt. In der Disko zum Beispiel habe ich noch nie eine Frau angetanzt oder angesprochen. Und das eine Mal, als mich ein hübsches junges Mädchen angesprochen hat, habe ich mich lediglich nett mit ihr unterhalten und mich dann wieder von ihr entfernt. Meine Freunde, die damals dabei waren, sind fast daran verzweifelt, dass ich diese Situation nicht ausgenutzt habe.

Jetzt aber genug von mir und meinen Frauengeschichten. Zurück zum Wichtigen.

Nur weil dich eine Person ablehnt oder nicht richtig wahrnimmt, heißt das noch lange nicht, dass du aufgeben solltest. Nein! Es heißt lediglich, dass du noch einmal darüber nachdenken solltest, ob es die richtige Herangehensweise war. Hast du sie vielleicht überrumpelt? Warst du im falschen Moment am falschen Ort? Oder ist die andere Person vergeben und du wusstest es einfach nur nicht? Es gibt viele Möglichkeiten, was du falsch gemacht haben könntest. Aber denk daran, es kann auch einfach sein, dass du nicht ihr/sein Typ bist. Wäre ja auch langweilig und chaotisch, wenn auf dieser Welt jeder auf jeden stehen würde. Nun heißt es aber, daraus lernen und herausfinden woran es gelegen haben könnte.

Beispiel 3

Kommen wir jetzt zurück zum guten alten Glücksspiel. Nachdem wir wahrscheinlich in Phase #1 unser Geld zum größten Teil verzockt haben, brauchen wir jetzt natürlich eine Variante, wie wir unseren Verlust minimieren und Erfolg maximieren können.

Der erste Punkt, an dem wir ansetzen könnten, ist, dass wir einfach aufhören zu spielen. Warum? Die Begründung ist ziemlich einfach. Denn am Ende gewinnt sowieso immer die Bank oder eben die Lottogesellschaft. Bei der Lotterie stimme ich definitiv zu. Ich habe leider lange selbst Lotto gespielt und war nie langfristig erfolgreich. Wen wundert das bei einer Gewinnwahrscheinlichkeit von knapp 1:149.000.000?

Nehmen wir uns also wieder die Casinospiele vor. Beim Roulette zum Beispiel gibt es zig unterschiedliche Strategien, die man anwenden kann. Aber sind wir doch mal ehrlich. Ist die Wahrscheinlichkeit nicht bei jedem Spin die gleiche? Und genau das ist das Problem. Klar kannst du mehrere Felder gleichzeitig abdecken und so deine Erfolgswahrscheinlichkeit erhöhen. Aber am Ende bleibt es trotzdem zu jedem Zeitpunkt ein reines Glücksspiel. Denn es spricht nichts und zwar wirklich gar nichts dagegen, dass eine Zahl x-mal hintereinander dran kommen kann.

Interessiert man sich nun jedoch für das Spiel Poker, so sind wir zwar immer noch beim Glücksspiel, aber bei einem, das wir ein bisschen berechnen und bei dem wir den Verlauf beeinflussen können. Natürlich weiß ich, dass man im World Wide Web einige Seiten findet, auf denen behauptet wird, dass Poker kein reines Glücksspiel ist und vielleicht haben die Autoren auch nicht ganz unrecht. Aber das ist definitiv nicht Thema dieses Buches.

Da wir uns ja immer noch in Phase #2 befinden, steht jetzt das Lernen wieder im Vordergrund. Das muss, bei diesem Beispiel, aber jeder für sich selbst wissen, was er daraus lernt.

Genau das ist Phase #2. Mach dir Gedanken darüber, was falsch lief und lerne daraus.

Das Wichtigste, auf das ich hier hinweisen will, ist, dass man diese Fehler machen kann (aber definitiv nicht muss), um dann daraus zu lernen. Nimm es dir

zu Herzen und deinem persönlichen Erfolg sollte
nicht mehr allzu viel im Weg stehen.

„Lernen ist wie rudern gegen den Strom. Wer aufhört, treibt zurück." Konfuzius

Kapitel 4: WaLe<u>PRO</u> = profitiere

Phase #3 profitiere aus dem Gelernten

Nun kommen wir endlich zu meiner Lieblingsphase. Phase #3. Ich weiß, dass es nicht wirklich überraschend ist, denn das „Pro" in WaLePro steht für profitieren.

Dass ich mich für profitieren entschieden habe, ist nicht unüberlegt passiert. Man hätte wahrscheinlich auch Wörter wie Erfolg, Gewinn oder Ähnliches nehmen können. Meine Absicht ist es aber, von dem WaLePro-Prinzip zu profitieren, egal in welcher Situation.

Also lass uns unsere drei Beispiele betrachten und aus dem Gelernten profitieren.

Beispiel 1

Nachdem wir festgestellt haben, dass unser Backgeschäft nicht an der richtigen Stelle ansässig war, haben wir unser Geschäftsmodell nach reichlicher Recherche umgestellt. Denn dabei haben wir herausgefunden, dass es in vielen kleineren Dörfern keine Bäcker mehr gibt. Deshalb haben wir uns dazu entschlossen, einen Lieferservice fürs Wochenende anzubieten. Brötchen direkt an die Haustür. Schon nach kurzer Zeit konnten wir feststellen, dass die Nachfrage in die Höhe geschossen ist und wir unsere ersten Mitarbeiter einstellen konnten. Hier kann man ganz gut sehen, wie wir aus dem Gelernten profitieren. In diesem Fall konnten wir das Ganze sogar in finanziellen Erfolg umwandeln.

Die zweite Idee mit unserem Geschäft für Bergsteigerausrüstung haben wir dagegen aufgegeben. Nach einer ausführlichen Analyse und Recherche mussten wir feststellen, dass sich diese Unternehmung an diesem Standort, einfach nicht rentieren wird. Daraufhin haben wir unseren Laden geschlossen. Nichtsdestotrotz haben wir aus dem Gelernten profitiert. Dadurch, dass wir aus unseren Fehlern gelernt und das Geschäft geschlossen haben, wurden weitere Verluste verhindert.

Beispiel 2

Auch wenn der eine oder andere sich fragt, wie er denn jetzt aus dem Gelernten bei diesem Thema profitieren soll, ist die Antwort darauf relativ einfach. Mir geht es nur darum, dass du dir darüber im Klaren bist, was du tust. Ich verlange nicht, dass du niemanden mehr ansprichst. Eine ausgeprägte Beobachtungsgabe hilft in den meisten Fällen schon weiter. Was bringt es dir denn, wenn du eine Person ansprichst, die du fünf Minuten vorher küssend mit ihrem Partner gesehen hast? Hier kannst du dir schon einmal einen Korb ersparen. Und genau das sind die Situationen, die dich dann am Ende profitieren lassen, weil sie dich glücklicher machen, da dein Ego durch die Abweisung/Zurückweisung nicht verletzt wird.

Wir können also durch das Gelernte uns selbst vor Verletzungen beziehungsweise Kränkungen unseres

Egos schützen. Auf der anderen Seite könnten wir auch die eine oder andere Situation positiver erleben. In diesem Beispiel geht es mehr um den persönlichen und nicht um den finanziellen Erfolg. Denn jeder, der aus solchen Begegnungen und Situation lernt, geht meiner Meinung nach glücklicher durch das gesamte Leben. Und wer weiß, irgendwann spricht man die Person an, die dann ein Leben lang bei einem bleibt. Dadurch würde man extrem profitieren und das hoffentlich über eine sehr lange Zeit. So zumindest die Wunschvorstellung.

Beispiel 3

In unserem dritten Beispiel spalten sich wahrscheinlich wieder die Meinungen darüber, wie man aus dem Gelernten profitiert. Die Mehrheit wird wahrscheinlich sagen, dass man einfach aufhören sollte zu spielen, weil man sich bewusst geworden ist, dass man einfach nicht wirklich gewinnen kann. Andere wiederum sagen vielleicht, dass sie weiterspielen werden, sich aber bewusst darüber sind, dass die Gewinnwahrscheinlichkeit sehr, sehr gering ist und sie nur das setzen, was sie wirklich über haben. Wobei die meisten von uns sehr wahrscheinlich nie so viel Geld haben werden, dass sie etwas über haben, was sie verzocken könnten. Und wenn doch, hätten sie so viel Geld, dass sie gar nicht mehr Lotto spielen müssten.

Beim Roulette sieht das Ganze vielleicht schon wieder anders aus. Natürlich haben diejenigen, die auch hier sagen, man sollte aufhören zu spielen und so Geld sparen, recht. Das möchte ich gar nicht infrage stellen. Doch wenn man mal einen schönen Abend verbringen möchte und das Geld nicht unbedingt für Alkohol ausgeben möchte, so kann man dieses Geld doch für einen schönen Abend Roulette ausgeben. Die Personen, die diesen Weg wählen, sollten sich aber trotzdem darüber bewusst sein, das man sich eine Grenze setzen muss, bei der dann wirklich Schluss ist.

Insgesamt werden die Personen, die aufhören zu spielen, später deutlich mehr Geld in der Tasche haben. Deswegen vertrete auch ich die Meinung, dass man sich von Glücksspielen fern halten sollte und lieber das Geld in wichtige Dinge investieren sollte.

Jetzt sind wir schon am Ende von Phase #3 und damit auch am Ende des WaLePro-Prinzips.

Mach dir jetzt bitte noch einmal Gedanken darüber, in welchen Situationen du in deinem Leben aus dem Gelernten profitieren konntest.

In den folgenden Kapiteln habe ich dir noch eine kurze Zusammenfassung des WaLePro-Prinzips zusammen geschrieben, damit du dir das Wichtigste immer wieder ins Gedächtnis rufen kannst, ohne das ganze Buch noch einmal komplett zu lesen.

Außerdem gebe ich dir in Kapitel sechs noch zwölf gut gemeinte Ratschläge mit auf den Weg. Versuche dich daran zu halten und dir wird alles ein bisschen leichter vorkommen.

Kapitel sieben beinhaltet ein paar reale Beispiele aus meinem Leben, kurz zusammengefasst und in die drei Phasen unterteilt. Ich hoffe, auch das hilft dir ein

bisschen, dich mit dem WaLePro-Prinzip vertrauter
zu machen.

„Der Mensch hat dreierlei Wege klug zu handeln:
durch Nachdenken ist der edelste, durch Nachahmen
der einfachste, durch Erfahrung der bitterste."
Konfuzius

Kapitel 5: Die Zusammenfassung als kleine Wiederholung

In diesem Kapitel möchte ich, wie in der Überschrift bereits angekündigt, das WaLePro-Prinzip noch einmal kurz zusammenfassen.

Es ist als kleine Wiederholung gedacht, um das Gelernte besser zu vertiefen. Außerdem soll es dir dabei helfen, noch einmal einen schnellen Überblick über die wichtigsten Punkte zu erhalten, ohne das ganze Buch noch einmal lesen zu müssen.

Wir haben gelernt, bevor wir das WaLePro-Prinzip anwenden können, muss die vorgestellte Phase #0 gemeistert werden. Zu dieser gehört all das, was noch nicht gewagt beziehungsweise umgesetzt wurde. Dazu gehören zum Beispiel auch alle Sachen, die wir uns zwar in unserem Kopf ausdenken und ausmalen, diese dann aber nicht in die Tat umsetzen. Das soll natürlich nicht heißen, dass man jedes Hirngespinst, das man in seinem Leben so hat, auch umsetzen muss. Hier sollte man schon das erste Mal abwägen, ob es sinnvoll ist oder nicht.

Richtig einsteigen in das Prinzip tun wir erst mit der Phase #1, dem Wagen.

Jeder von uns hat jeden Tag Situationen in seinem Leben, in denen man etwas wagt. Egal ob es eine neue Brötchensorte ist, die man probiert oder ein neuer Weg zur Arbeit, um herauszufinden, ob dieser vielleicht schneller ist. Auch bei diesen beiden Beispielen befindet man sich dann in Phase #1. Eben ab dem Moment, in dem man es probiert beziehungsweise wagt. Ich finde, dass man anhand dieser Beispiele gut erkennen kann, dass sich das WaLePro-Prinzip wirklich in jeder Lebenssituation anwenden lässt und es definitiv nicht nur für finanziellen Erfolg in Betracht gezogen werden sollte, dazu aber später mehr.

Zwischen Phase #1 und Phase #2 gibt es ein kleines Zwischenstück. Dieses habe ich zuvor mit Absicht noch nicht erwähnt, da es zwar wichtig, aber nicht entscheidend für den Erfolg ist. Nichtsdestotrotz will ich nun kurz drauf eingehen. Denn nach Phase #1 muss ein Ergebnis stehen. Ein Ergebnis? Ja, genau. Zum Glück gibt es hier aber nur zwei verschiedene Möglichkeiten, wie Phase #1 ausgegangen sein kann. Entweder das Gewagte hat funktioniert beziehungsweise der Ausgang war positiv oder eben genau das Gegenteil. Sodass man enttäuscht ist, verletzt ist oder einen Rückschlag hinnehmen musste.

Das Wichtige dabei ist nur, egal wie das Ergebnis aussieht, macht man mit Phase #2 weiter. Das ist der große Vorteil am WaLePro-Prinzip. Denn es spielt wirklich keine Rolle, ob der Ausgang von Phase #1 positiv oder negativ ist.

In Phase #2 geht es darum, aus dem Passierten und den folgenden Erfahrungen, die man gemacht hat, zu lernen. Jetzt kann man auch erkennen, warum der Ausgang von Phase #1 eigentlich uninteressant ist. Denn man rutscht so oder so in Phase #2.

Aus positiven Dingen müssen wir lernen, dass wir diese genauso beim nächsten Mal wiederholen. Bei negativen Erfahrungen ist es natürlich etwas anders. Hier steht im Vordergrund, den Fehler zu analysieren. Warum ist es so passiert? Was habe ich falsch gemacht? Hat man diesen Punkt überwunden und die Fragen beantwortet, kann man daraus auch lernen. Wenn man jetzt noch einmal das einfache Beispiel mit der neuen Brötchensorte zur Hand nimmt, wird es hoffentlich noch etwas klarer.

Gehen wir mal davon aus, dass wir diese Sorte nicht mochten. Dann werden wir diese beim nächsten Mal sehr wahrscheinlich nicht noch einmal kaufen. Sollten wir uns beim nächsten Mal trotzdem erneut für diese Sorte entscheiden, dann haben wir aus unserem Fehler auch nicht gelernt. In diesem Fall wären wir immer noch in Phase #2, wobei wir, wenn wir daraus lernen, immer noch in Phase #3 aufsteigen können.

Denn jetzt geht es darum, aus dem Gelernten zu profitieren. Heißt, wenn wir wieder erneut das Beispiel mit den Brötchen nehmen, dass wir diese Sorte, wenn sie uns nicht geschmeckt hat, nicht noch einmal kaufen werden. Dadurch profitieren wir in zweierlei Hinsicht. Wir sparen Geld (profitieren finanziell) und brauchen nicht essen, was uns nicht schmeckt (profitieren für unseren eigenen körperlichen Zustand). Hier sieht man ganz schön, dass man nicht nur auf eine Art und Weise profitieren muss. Nein, es können auch gleich mehrere Arten sein. In ein paar Fällen kann es sogar vorkommen, dass wir nicht direkt persönlich profitieren, sondern die Menschen und die Welt um uns herum. Auch das sollte sich jeder zu Herzen nehmen und berücksichtigen. Denn wenn du das tust, profitierst du am Ende eben doch davon. Mit einem guten Gefühl im Herzen lebt es sich eben einfach besser.

Bevor wir diese Zusammenfassung abschließen, möchte ich dir gerne noch zwei Dinge mit auf den Weg geben.

Erstens hat Erfolg nicht mit Glück zu tun. Erfolg hat meiner Meinung nach vielmehr mit Disziplin, Selbstkontrolle und Wille zu tun. Deswegen wirst auch du Erfolg haben, wenn du stetig an dir arbeitest. Es wird dir nichts einfach so gelingen. Dein Erfolg wird der Lohn für deine harte Arbeit und das Überstehen von noch härteren Zeiten sein. Merk dir das bitte! Denn jeder Mensch kann auf seine Art und Weise erfolgreich sein.

Und damit kommen wir zu der zweiten Sache, die ich noch loswerden möchte.

Denk bitte immer daran, dass Erfolg nicht immer etwas mit finanziellem Reichtum zu tun haben muss. Ich schränke Reichtum in diesem Fall mit Absicht ein, denn auch über den Begriff „Reichtum" und was er bedeutet, kann man sich streiten. Genauso wie über den Begriff „Erfolg".

Was ich dir damit eigentlich sagen will, ist Folgendes. Immer wenn dir Dinge, die du anpackst, gelingen, du das WaLePro-Prinzip anwendest oder du in deinem Leben positive Erfahrungen machst, sind das alles kleine Erfolge, die im Ganzen dann einen großen Erfolg ergeben. Und zwar dein erfolgreiches Leben!

Denn du bist du und das ist auch gut so!

„Wer einen Fehler gemacht hat und ihn nicht korrigiert, begeht einen zweiten."
Konfuzius

Kapitel 6: 12 Ratschläge für deinen Erfolg

1. Pass auf, wem du was glaubst!

Je erfolgreicher man im Leben wird, desto mehr Personen möchten etwas mit einem zu tun haben und Freundschaften schließen. Es ist sehr wahrscheinlich, dass ein kleiner Teil dieser „neuen Freunde" auf deine Erfolgswelle aufsteigen will und eigentlich gar kein Interesse an dir als Mensch hat. Leider kommt es in solchen Situationen immer wieder dazu, dass diese Leute zu dir vielleicht ganz nett sind, hinten rum aber eben genau das Gegenteil erzählen. Wenn es ganz schlimm wird, kann es sogar dazu kommen, dass ein paar von denen versuchen werden, dir etwas anzuhängen, etwas Schlechtes über dich erzählen oder Ähnliches, nur um selbst davon zu profitieren.

Genau davor will ich dich warnen. Ich weiß, dass es eigentlich jeder selbst wissen sollte, aber ich erwähne es trotzdem noch mal.

Pass einfach auf, wen du in dein Leben lässt, von wem du dir Ratschläge holst und von wem du lieber Abstand hältst.

2. Probiere neue Sachen aus!

Denn wenn du immer nur das tust, was du schon kannst, bleibst du immer du. Um dich weiterzuentwickeln, vielleicht sogar eine andere Seite an dir zu entdecken, musst du neue Dinge ausprobieren. Für deine persönliche Entwicklung ist es extrem wichtig, dass du dies tust und Erfahrungen

sammelst, gute wie auch schlechte. Denn nur das
wird dich im Leben weiterbringen. Dabei darfst du
aber nie den vierten Tipp (bleibe dir selbst treu) aus
den Augen lassen.

3. Sei und denke positiv!

Nur weil etwas nicht beim ersten Mal geklappt hat,
ist es noch lange kein Weltuntergang. Denke einfach
positiv. Das Glas ist eben doch halb voll und nicht
halb leer. Nicht umsonst sagt man, wer positiv denkt,
dem wird auch Positives passieren. Es bringt ja auch
nichts, das ganze Leben als Pessimist herumzulaufen.
Schlechte Laune und pessimistische Einstellung
können auch schnell gute und wichtige Personen in
deinem Leben verschrecken.

Vielleicht bist du der Meinung, wenn du negativ
denkst, ist die Enttäuschung nicht so groß, falls etwas
nicht klappt. Dazu muss ich dir sagen, wenn du
negativ denkst, dann brauchst du die Sachen auch gar
nicht erst probieren.

Aber genau dafür ist das WaLePro-Prinzip ja
geschrieben worden. Probiere etwas, gehe positiv an
die Sache heran. Sehe einen Rückschlag nicht sofort
auch als Niederlage und lerne daraus. Und am Ende
kannst du dann davon profitieren.

4. Bleibe dir selbst treu!

Meiner Meinung nach gibt es nichts Schlimmeres,
als sich zu verstellen. Zu viele Personen habe ich
kennengelernt, die sich verstellt haben, nur um
jemand anderem zu gefallen.

Nur weil deine Freunde das neueste Smartphone haben und du noch nie Wert darauf gelegt hast? Dann bleibe auch dabei. Sollten deine Freunde das nicht akzeptieren, dann kannst du sicher sein, das sie keine wahren Freunde sind beziehungsweise waren. Das Gleiche gilt natürlich auch für Frisuren, Kleidung usw.

Jetzt wird der eine oder andere vielleicht sagen, dass er sich verstellen musste, um im Job etwas zu erreichen oder um befördert zu werden. Aber auch davon sollte man Abstand nehmen. Sei die Person, die du bist und nicht die Person, die andere gerne hätten. Wollen sie dich so nicht haben? Dann haben sie eben Pech gehabt und müssen auf deine wunderbare Art verzichten.

5. Sei geduldig!

Eine meiner größten Schwächen ist wahrscheinlich, dass ich unglaublich ungeduldig bin. Wenn es nach mir geht, muss es immer sofort sein. Von Vorteil ist das bestimmt nicht immer. Oft ist es so, dass ich schnell die Lust verliere, weil es mir mal wieder zu lange dauert. Aber Rom wurde eben auch nicht an einem Tag erbaut. Und selbst Gott brauchte für die Erde sieben Tage. Also muss man mit viel Geduld an ein paar Sachen herangehen. Das Problem, das ich oft habe, ist einfach erklärt. Ich bin super euphorisch und freue mich auf eine Sache, bin Feuer und Flamme dafür. Und nach ein paar Momenten interessiert es mich überhaupt nicht mehr. Leider kommt das Ganze sehr oft vor, wenn ich mir ein neues elektronisches Gerät kaufen will. Dann bin ich der Meinung, ich brauche etwas unbedingt, ohne mir groß Gedanken darüber zu machen. Zwei Wochen später liegt es dann in der Ecke und ich wünsche mir, ich hätte es nie gekauft. Mittlerweile habe ich das Ganze zwar ganz gut im Griff, denn ich mache mir vorher ernsthafte Gedanken ob ich es wirklich brauche. Aber immer gelingt es mir leider doch noch nicht. Daran arbeite ich aber weiterhin.

6. Glaube an dich!

Wenn du diesen Ratschlag nicht befolgen solltest, dann ist ein Scheitern deines Projektes sehr wahrscheinlich. Du musst an dich und an deine Sache glauben, egal worum es geht. Glaubst du nämlich nicht 100-prozentig daran, bist du auch nicht mit 100 Prozent bei der Sache und wirst nachlässig. Dadurch werden sich kleine unnötige Fehler einschleichen, die man eigentlich hätte verhindern können. Also glaub an dich in jeder Situation, du schaffst das!

7. Bleibe konzentriert bei der Sache!

Das ist ebenfalls eine meiner größeren Schwächen und ich habe lange gebraucht, um genau das in den Griff zu bekommen. In der Vergangenheit habe ich mich oft durch Kleinigkeiten ablenken lassen, wodurch sich meine Ergebnisse direkt merklich verschlechtert haben. Leider kam es auch oft dazu, dass ich zu früh die Lust und Motivation verloren habe, was mich immer wieder mit meinen Projekten, weit zurückgeworfen hat. Wenn du also mit deinem Vorhaben erfolgreich sein möchtest, solltest du bis zum Abschluss deine volle Konzentration in das Projekt legen. Denn erholen und feiern lassen kannst du dich, wenn du bis zum Ende durchgehalten hast!

8. Gestehe dir Fehler ein, die du machst!

Es gibt nichts Schlimmeres, als sich seine eigenen Fehler nicht einzugestehen. Was bringt es dir, wenn du deinen eigenen Fehler nicht erkennst und ihn deswegen immer wieder machst? Gar nichts. Richtig. Also schaue erst, ob du einen Fehler gemacht hast und dann, ob jemand anderes etwas falsch gemacht hat. Das kann und wird dir viel Ärger mit anderen Personen ersparen. Es ist auch kein Zeichen von Schwäche, wenn man seine Fehler zugibt. Ich würde es sogar eher als Stärke anerkennen. Mir fiel es auch nicht immer leicht, die Fehler erst bei mir selbst zu suchen. Denn es ist wohl offensichtlich deutlich einfacher, die Fehler erst bei anderen zu suchen, als bei sich selbst. Man selbst wird ja schon keine Fehler gemacht haben. Aber genau das ist eben der springende Punkt. Meistens sind wir es selbst, die die Fehler machen. Also immer erst einmal an die eigene Nase fassen.

9. Gehe mit offenen Augen durchs Leben!

Es gibt nichts Schlimmeres, als Menschen, die ihre Umwelt falsch oder gar nicht wahrnehmen. Ich denke dabei vor allem an die, die beim Stadtbummel, beim Spaziergang mit dem Hund oder beim Restaurantbesuch andauernd, wenn nicht sogar ständig, auf ihr Smartphone schauen. Genau ihr kriegt dann zwar mit, was in der ganzen Welt geschieht, aber leider nicht, was genau in diesem Moment um euch herum passiert. So ist es ganz normal, dass man sein Umfeld nicht wahrnimmt und sehr wahrscheinlich, dass man etwas verpasst. Die Wiederholung der verpassten Realität kann man sich eben nicht einfach zu Hause am Computer angucken. Was man verpasst hat, hat man verpasst. Der zweite Grund, weshalb man mit offenen Augen (und Ohren) durchs Leben laufen sollte, ist folgender: Du kannst sehr viel erfahren und dir dadurch einen großen Berg an Wissen aneignen. Natürlich kann man nicht alles behalten, aber dein Gehirn wird die Informationen filtern und hoffentlich die richtigen beziehungsweise wichtigen Infos behalten.

10. Gib immer etwas zurück und nimm nicht nur!

Das ist leider ein riesiges Problem auf dieser Welt. Denn die Menschen wollen immer nur nehmen, aber niemals geben. Der neueste Fernseher? Kein Problem. Dafür aber über 1.000 Euro bezahlen? Nein, danke! Wenn wir alle versuchen würden, immer ein bisschen mehr zu geben als das, was wir nehmen, dann würden wir in einer viel, viel besseren Welt leben. Da bin ich mir sicher. Ich habe das leider am eigenen Leib erfahren müssen. Wenn man für einen Menschen, den man liebt, alles tut, sein letztes Hemd gibt und dafür nichts zurückbekommt. Damals habe ich sogar einen besser bezahlten Job aufgegeben, um zu ihr zu ziehen. Habe das Haus gemietet, was ihr gefiel. Habe dieses so eingerichtet, wie sie es gerne wollte. Aber ich bekam einfach nichts zurück. Am Ende hat mich das so kaputt gemacht, dass unsere Beziehung zerbrochen ist. Deswegen versuche bitte immer, ein Stück mehr zurückzugeben, als du bekommst.

11. Nimm Hilfe an!

Ich war leider kurz nach meinem 18. Geburtstag auf Hilfe angewiesen. Leider habe ich zu spät verstanden, dass es nichts Schlimmes ist, Hilfe anzunehmen. Ganz im Gegenteil. Es ist in vielen Situationen sogar sehr hilfreich. Hätte ich damals die Hilfe meiner Eltern schon früher angenommen, wäre ich damals nicht in so eine finanzielle Schieflage geraten. Das hätte mir die eine oder andere Schwierigkeit erspart. Aber wie sagt man immer so schön, aus Fehlern soll man lernen und im Nachhinein ist man immer schlauer. Deswegen ist es ganz wichtig, im richtigen Moment Hilfe anzunehmen. Dabei sollte man aber vorsichtig sein von wem man Hilfe annimmt und darauf achten, dass es sich wirklich um Hilfe handelt.

12. Belüge dich nicht selbst!

Was bringt es dir, wenn du dich selbst belügst? Vielleicht bist du im ersten Moment glücklich und zufrieden. Du wirst aber schnell merken, dass es dich nicht weiterbringt, sondern eher zurückwirft. Ich habe mich in meiner Jugend oft belogen. Meistens ging es darum, ob ich genug für die Schule gelernt habe. Und obwohl ich es selbst besser wusste, habe ich mir immer gesagt; „Du hast genug gelernt, das reicht!" Das Ende vom Lied war des Öfteren, dass ich die Arbeit oder den Test massiv vergeigt habe.

Deswegen tu dir selbst den Gefallen und sei ehrlich zu dir selbst. Belüge dich einfach nicht! Es bringt dich wirklich nicht weiter.

„Löse das Problem, nicht die Schuldfrage.“
Konfuzius

Kapitel 7: Reale Beispiele und eigene Erfahrungen aus meinem Leben und Umfeld

Der Arbeitskollege und die Putzfrau

Ein perfektes Beispiel für unsere Situation mit den anziehenden Personen ist diese kleine Story, die wirklich so passiert ist.

Ein ehemaliger Arbeitskollege von mir, hatte ein Auge auf die Putzfrau von der Arbeit geworfen. Ich weiß, das hört sich vielleicht witzig an, aber warum denn nicht. Meiner Meinung nach ist der Ruf von Putzfrauen sowieso viel zu schlecht.

Naja egal, zurück zum Thema.

Nach ein paar Wochen, in denen er von ihr geschwärmt hatte, brachte er nun endlich den Mut auf, sie anzusprechen (Phase #1).

Er sagte ihr, dass sie ihm gefallen würde und er sie gerne bei einem Essen näher kennenlernen würde. Daraufhin meinte sie, dass er ganz süß sei, sie aber schon einen Freund und deshalb kein Interesse hätte.

Daraus hat er gelernt, dass es sich für ihn nicht lohnt, noch mehr Zeit in sie zu investieren (Phase #2).

Jetzt fragst du dich wahrscheinlich, wie er davon profitieren konnte (Phase #3). Natürlich war es am Anfang schwer für ihn und enttäuschend. Doch so wusste er immerhin, woran er bei ihr war. Sein Profit lag darin, dass er keine unnötige Zeit mehr in sie investierte und sich auf andere Ziele konzentrieren konnte.

Die Jobsuche

Nach nicht einmal zwei Jahren begann ich mich in meinem damaligen Job bereits zu langweilen. Ich fühlte mich unterfordert und war nicht wirklich glücklich. Dazu trug wahrscheinlich auch die Entfernung zu meiner damaligen Freundin bei. Also begann ich, mich nach einem anderen Job umzusehen. Wer meinen Lebenslauf gelesen hat, weiß, dass ich einen Beruf gelernt habe, mit dem man in Deutschland bei der Berufswahl nicht allzu flexibel ist.

Deshalb bewarb ich mich, zwar im selben Berufsfeld, jedoch bei anderen Firmen (Phase #1). Warum ich nicht versuchte, in meiner damaligen Firma aufzusteigen? Das ist relativ schnell erklärt. In dieser Firma war es ungern gesehen, gutes und qualifiziertes Personal aus der Werkstatt ins Büro zu versetzen. Auf der einen Seite kann man es natürlich verstehen, dass man sich nicht selbst schwächen will, auf der anderen Seite fand ich es jedoch sehr schade, jungen Leuten einen so großen Stein in den Weg zu legen. Da ist es nicht verwunderlich, dass Talente, die eine neue Herausforderung suchen, ihr Glück bei anderen Unternehmen finden möchten. Dies gelang mir auch und ich bekam den neuen Job. So übersprang ich Phase #2 und landete direkt bei Phase #3. Auch das kann natürlich passieren.

Meine Geschäftsideen

Als ich angefangen habe dieses Buch zu schreiben, war ich gerade einmal 24 Jahre alt. Bis dahin hatte ich schon viele Geschäftsideen. Die meisten davon sind jedoch leider nicht einmal bis zu Phase #1 gekommen. Ob das jetzt daran lag, dass ich einfach nur viel fantasiert und mich nicht getraut habe oder mir einfach die finanziellen Mittel fehlten, kann ich nicht genau sagen. Wahrscheinlich von beidem etwas. Die eine oder andere Idee hat dann wohl doch, wenn auch sehr überraschend, den Weg zu Phase #1 gefunden. Unter anderem hatte ich ein Schmucklabel für Armbänder aus Leder gegründet. Designed und produziert habe ich sie damals vollkommen selbst. Auch die kaufmännische Seite habe ich komplett alleine gemacht. Das war damals bei einer so kleinen Unternehmung auch nicht problematisch. Ich habe bei der ganzen Sache nur zwei Riesenfehler gemacht. Erstens habe ich den finanziellen Aufwand und das allgemein nötige Kapital unterschätzt. Das wiederum brachte mich dazu, weniger Materialien als nötig zu besorgen, was wiederum zu Engpässen in meiner Auslieferung führte. Und zweitens bin ich ziemlich träumerisch an die Sache herangegangen. Ich habe nicht nur meine Konkurrenz erheblich unterschätzt, nein, ich habe die ganze Sache auch als viel zu einfach angesehen. Also passierte, was passieren musste und ich verkalkulierte mich in so gut wie allem und versenkte mein eingesetztes Kapital. Es dauerte einige Zeit, bis ich verstand, wo meine Fehler lagen und ich endlich daraus lernen konnte (Phase #2). Mein Profit, den ich aus der ganzen Sache am Ende ziehen konnte, hat mir bis heute einiges an Geld gespart (Phase #3). Ich bin, so schade ich es auch finde, nicht gemacht für solche

Arten von Geschäften. Außerdem würde ich so etwas nie wieder machen, ohne einen vernünftigen Plan, einen kaufmännischen Lehrgang (um mit dem Finanziellen und allem anderen richtig umzugehen) und ohne eine genaue Analyse der Konkurrenz, um die Machbarkeit und Erfolgschancen besser abzuschätzen.

Mein Studium

Es ist kein Geheimnis, dass ich mich, nach meiner Ausbildung relativ schnell in meinem Job gelangweilt habe. Nach nur zwei Jahren hatte ich die höchste Qualifikation in meinem Beruf, die ich mit meiner Ausbildung erreichen konnte, erreicht.

Und was nun? Über 40 Jahre in diesem Job weiterarbeiten? Keine Herausforderungen mehr haben? Immer an derselben Sprosse der Karriereleiter stehen bleiben? Das wollte ich mir nicht antun. Also erkundigte ich mich nach Alternativen. Weiterbildungen wie Meister oder Techniker wollte ich nicht machen. In meiner damaligen Firma hätten sie mich ohnehin nicht weitergebracht. Von der „Sorte" gab es nämlich schon einfach schon zu viele. Vielleicht eine neue Ausbildung? Mit 22 Jahren nicht so abwegig. Jung genug dafür war ich ja noch. Aber nachdem ich die Pro- und Kontra- Seiten offengelegt hatte, gefiel mir auch diese Idee nicht mehr. Also blieb nur noch ein Fernstudium an einer privaten Hochschule. Ja, das kann man mit einem Realschulabschluss machen, wenn man dann nach zwei Semestern eine

Hochschulzulassungsüberprüfung (allein für das Wort sollte man studiert haben) besteht.

Ich entschied mich für ein Studium in Informatik, da mich das Thema schon immer fasziniert hatte.

Phase #1

Die Anfangsphase verlief super. Die Noten waren verhältnismäßig gut und besser als erwartet. Zweieinhalb Semester hielt ich es durch, mich jeden Tag nach der Arbeit hinzusetzen und für die Uni zu büffeln.

Dann aber kam das Studienfach Mathe 2. Ich hätte kotzen können. Obwohl Mathe mir immer Spaß gemacht hat und Informatik hauptsächlich aus Mathe besteht, wollte mein Kopf es einfach nicht verstehen.

Phase #2

Einen weiteren Monat hatte ich mich an dem Thema versucht, aber es brachte einfach nichts. Schweren Herzens entschloss ich mich also dazu, mein Studium zu beenden. Mir wurde bewusst, dass ein Studium über diesen Weg (ohne regelmäßige Vorlesungen und engen Kontakt mit den anderen Studierenden) extrem schwierig zu meistern ist. Klar gibt es Leute denen dies gelingt und vor denen habe ich allergrößten Respekt. Doch für mich ist diese Art des Studiums einfach nichts.

Kurze Zeit später bewarb ich mich bei einer anderen Firma und mir wurde direkt ein Arbeitsvertrag angeboten. Zwar in derselben Branche und auch mit kleineren finanziellen Einbußen, aber karrieremäßig habe ich trotzdem einen guten Schritt nach vorne gemacht.

Phase #3

Wie ich daraus profitiert habe? Auf jeden Fall weiß ich nun, das ein Fernstudium nichts für mich ist. Des Weiteren sind sämtliche Arten von Fortbildung, egal ob man sie abschließt oder nicht, gut für einen selbst. Man sollte seinen Kopf immer mal wieder fordern und auch fördern. Der dritte und letzte Punkt, den ich daraus als profitabel ansehe ist, dass ich mich im höheren Alter nicht darüber ärgern werde, es nicht probiert zu haben.

Meine Bücher und ich

Schon in meiner frühen Kindheit hatte ich eine blühende Fantasie entwickelt. Egal ob imaginäre Freunde, unsichtbare Häuser oder das Ausdenken von neuen Spielen. Zwischenzeitlich war ich sogar der Meinung, dass wir einen ganzen Anhänger voller Tiere (ich merke gerade, dass es sich ziemlich nach Arche Noah anhört) hinter unserem Auto hergezogen hatten. Nicht selten kam es deshalb vor, dass ich mich innerlich über die Autos die hinter uns fuhren, aufregte, da sie meiner Meinung nach zu dicht auffuhren. Ich dachte, sie würden meinen Anhänger rammen und damit meine Tiere in Gefahr bringen.

Auch meine Oma musste hin und wieder unter meiner Fantasie „leiden", da sie nicht daran dachte, dass auf ihrem Stuhl bereits meine imaginäre Freundin saß. Nur damit du mich jetzt nicht falsche einschätzt, ich war damals vielleicht vier oder fünf Jahre alt.

Kommen wir nun zurück zum eigentlichen Thema.

Aufgrund dieser blühenden Fantasie meinte bald jemand zu mir (leider erinnere ich mich nicht mehr daran, wer es war): „Schreib doch mal ein Buch. Bei deiner Fantasie sollte das doch kein Problem sein." Da mir die Idee nicht so schlecht vorkam und ich sowieso gerne las, setzte ich mich hin und überlegte mir meine erste Geschichte.

Phase #1

Überrascht stellte ich fest, dass mir die ersten Seiten extrem leichtfielen. Leider war diese Freude nur von kurzer Dauer und mir wurde schnell klar, dass es kein Dauerzustand war. Es gehörte deutlich mehr dazu, ein vernünftiges Buch zu schreiben, als nur eine blühende Fantasie zu besitzen. Es dauerte nicht lange, und ich verlor die Lust daran.

Diese Prozedur habe ich bis du diesem Buch mindestens fünf weitere Male durchlaufen müssen. Leider.

Phase #2

Doch dann fing ich an, an diesem Buch zu arbeiten. Irgendwie war es von Anfang an anders als bei den anderen Büchern zuvor. Es dauerte einige Zeit, bis ich darauf kam, was es war. Meine Konzentration war stärker und auch mein Verlangen endlich ein fertiges Buch in den Händen zu halten. Das Thema war genau das richtige. Ich wollte das weitergeben, was mir geholfen hatte.

Was das Ganze nun mit Phase #2 zu tun hat? Relativ einfach.

Ich habe daraus gelernt, dass ich über ein Thema schreiben muss, das mich selbst wirklich interessiert. Nicht aber ein Thema wählen, nur weil es andere wollen, ich aber nicht komplett dahinterstehe.

Phase #3

Das Ergebnis muss ich hier eigentlich nicht noch erwähnen. Denn das sollte ziemlich einfach und deutlich sein. Für diejenigen, die das Prinzip übersprungen haben und erst die Tipps lesen sollten, hier ist die Antwort: Dieses Buch ist der Profit, den ich aus dem Gelernten, erzielen konnte.

Mein bester Kumpel und sein Business

Schon früh war für ihn klar, dass er später selbstständig sein möchte. Das war unter anderem dadurch bedingt, dass schon sein Opa und Vater beide selbstständig waren. Also begann er bereits mit 18 Jahren damit, sein erstes Unternehmen zu gründen. Leider ohne lange Planung und mit viel zu wenig Wissen. Es war also kein Wunder, dass sein Vorhaben nicht funktionierte und er es bereits nach wenigen Monaten wieder aufgab.

Damit hatte er Phase #1 abgeschlossen.

Seine Sehnsucht nach Erfolg und finanzieller Unabhängigkeit war dadurch aber nicht zerstört, sondern deutlich gestärkt worden. Er wollte es unbedingt schaffen. Also setzte er sich hin und informierte sich. Worauf muss ich achten? Welche Fehler haben andere gemacht, damit ich diese nicht mache? Wo kann ich Zeit und Geld sparen? Macht es überhaupt Sinn, in dieser Richtung eine Unternehmung zu starten? Alles Fragen, die er sich nach und nach mit ein bisschen Recherche beantwortete und daraus lernte.

Nun war auch Phase #2 abgeschlossen.

Seine nächste Unternehmung startete er knappe vier Jahre später. Jetzt aber reifer und deutlich besser vorbereitet. Mittlerweile ist er sehr erfolgreich in dem, was er macht. Seine Firma läuft sehr gut und entwickelt sich stetig weiter.

Auch Phase #3 ist dadurch erfolgreich abgeschlossen worden und ich wünsche ihm auch weiterhin viel Erfolg dabei.

„Wissen, das sich nicht täglich vermehrt, nimmt ab."
Konfuzius

Kapitel 8: Abschließendes - Guter Rat muss nicht immer teuer sein!

Mir ist bewusst, dass dieses Buch kein heiliger Gral ist. Und ja, auch mir fällt es manchmal noch schwer, mich wirklich daran zu halten. Es ist nicht immer einfach, mit Rückschlägen nach Phase #1 umzugehen. Aber je öfter man sich daran erinnert, dass man daraus lernen muss, desto einfacher wird es dir fallen, es umzusetzen. Ich habe mehrere Jahre gebraucht, bis mir überhaupt bewusst wurde, wie wichtig Phase #2 ist.

Denk nur immer daran, dass du Phase #3 selbst bei kleinen positiven Erfolgen erreichst. Denn die Wahrscheinlichkeit ist hoch, dass nie alles direkt beim ersten Mal klappen wird. Sollte es dir trotzdem gelingen, indem du dafür ein Konzept/Prinzip entwirfst, dann melde dich bitte bei mir.

Ich würde mich freuen, wenn du meine Homepage www.c-philipp.de einmal besuchst und dich ein bisschen umschaust. Vielleicht entdeckst du ja ein weiteres Buch von mir, das dir gefällt. Auch Fragen kannst du mir dort gerne zukommen lassen. Ich werde dann versuchen, so schnell wie es meine Zeit zulässt, zu antworten. Neben meiner Homepage findest du mich auch auf Facebook, Instagram, Twitter und Telegram. Die Kontaktdaten sind auf meiner Homepage hinterlegt.

Vielen Dank für dein Interesse an diesem Buch, ich hoffe, es hat dir gefallen und ein bisschen geholfen, erfolgreicher durchs Leben zu gehen.
Über eine positive Kritik beziehungsweise Rezension würde ich mich natürlich sehr freuen.

C. Philipp

I love my life, I am powerful, I am beautiful, I am
free
I love my life
I am wonderful, I am magical, I am me
I love my life

Robbie Williams - Love my life